복덩이

오늘의문학 특선시집 **85**

복덩이

장석춘 디카시집

오늘의문학사

| 시인의 말 |

다가가다

똑바로 보았다

디카시, 벗이 생겼다

2024년 여름
장석춘

차례

시인의 말 ··· 005

1부_자연 속에서 오래 머물다

자연의 법칙 ··· 012
러브콜 ·· 014
애심 ··· 016
빗물1 ·· 018
빗물2 ·· 020
동무 ··· 022
우체부 ·· 024
나마리 ·· 026
꽃이 된 나비 ·· 028
보답 ··· 030
나도 꽃이다 ··· 032
꽃 대궐 ··· 034
깨달음 ·· 036
나를 따르라 ··· 038
위로하며 ··· 040

2부 _ 무엇보다도 사랑이 먼저다

그해 겨울	044
맛보다는 樂	046
선물1	048
선물2	050
부모님	052
뱃놀이	054
소문만복래	056
인심	058
귀갓길	060
가족이란	062
휴게소에서	064
퇴장	066
초능력	068
청춘	070
고드름	072

3부 _ 그리움을 함께 나누다

꼬마전구	076
두꺼비의 고민	078
행복 전도사	080
마중	082
나이 티	084
시시때때로	086
혼돈의 세상	088
그리움	090
백설기 한 판	092
홍성이지요	094
길을 걷다가	096
보이는 것만큼	098
소망	100
치유	102
하늘로 간 가재	104
철듦	106

4부 _ 삶의 바다를 거닐다

배려 · 110

겨울 철새를 위한 길 · · · · · · · · · · · · · · · 112

서리꽃 · 114

잔칫날 · 116

휴식 · 118

뮤직 파워 · 120

시절 잡는 남자 · · · · · · · · · · · · · · · · · · · 122

공호 · 124

존재의 이유 · 126

공원 이용수칙 · 128

낙엽의 의미 · 130

강강술래 · 132

자식 사랑 · 134

그렇지 · 136

마을 지기 · 138

농심 · 140

복덩이 · 142

1부

자연 속에서 오래 머물다

자연의 법칙

섬서구메뚜기는 모르고 있다
잎사귀가 자꾸 작아지는 것을

들깻잎은 알고 있다
언젠가는 메뚜기도 떠난다는 것을

러브콜

무뚝뚝한 네게
내 맘을 전할게
활짝 웃어보렴
우린 서로 통하잖아

애심

거미줄이 맺어준
풍선초의 애틋한 사연
가슴으로 느끼는 애심

다시, 가을이다

빗물1

비도 운다
울면서 내린다
비는 눈물로 내린다

빗물2

산이 열리고 시야가 현현하니
명징한 낙수는 새 세상을 만든다
내가 무구하기를 재촉하며

동무

바람은 자꾸 가자고 한다
여기 있으면 얼어 죽는다고
따라나서는 길에
흰옷을 입혀 곁을 잡네

우체부

이제나저제나 올까

청개구리 너도

소식을 기다리고 있구나

나마리*

너 이름이 뭐니
나 말이유?

그 누구도 나의 이름을
불러주지 않았다

*나마리 : 잠자리의 방언(충청북도, 강원도)

꽃이 된 나비

서로의 소망이 간절하면
이루어질 수 있구나
이참에 인연 맺어보렴

보답

겨우겨우 살아가는 들풀
모든 것에 감사하는 마음뿐
언젠가는 저들을 보듬어줄 날 있겠지

나도 꽃이다

장맛비가 거름 되어
꽃을 피웠네

누군가에겐 기쁨
누군가에겐 절망

꽃 대궐

일행을 놓쳐
헤매다 내려앉은 곳

여기가 천국이구나
눌러살까?

깨달음

생을 마감하는 자리에서
멈추니 비로소

넓은 세상이 보인다

나를 따르라

최선을 다하면 돼
목표는 높고
크게

위로하며

여기에 앉아 편히 쉬세요
밝은 얼굴로 손짓하는 매발톱꽃
누가 버림받은 여인이라 했을까

2부

무엇보다도 사랑이 먼저다

그해 겨울

까맣게 태우더니
맘 달래주려고
하얀 이불을 덮어주었다

숯골, 그해 겨울은 포근했다

맛보다는 樂

이럴 땐 뭐라고 하지?
익혀 먹는 재미
지금은 맛보다는
일상의 즐거움이다

선물1

백설 같은 은브로치
맘 고생하는
누님에게 갖다 드려야겠다

선물2

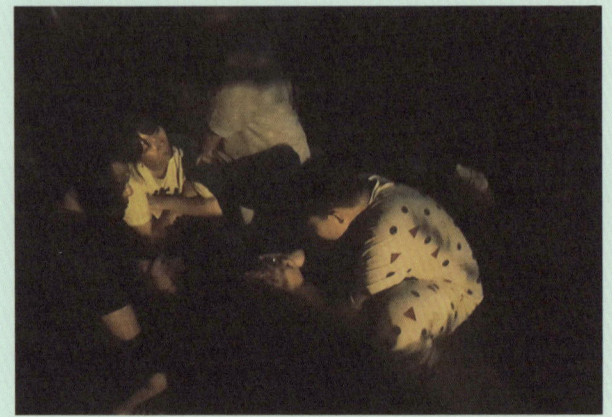

할아버지 댁에서
처음 보는 반딧불이
손주들에게는 최고의 선물

부모님

하늘만 보면
부모님 생각이 납니다

모두 떠안고 가신

뱃놀이

물 들어오면
우리 가족
모든 시름 잊고
놀러 가려구요

소문만복래

웃음꽃 피는 우리 가족
올해도 장맛은 걱정하지 말아요

인심

내 할 일 있지만
잠시 기다려 주기로 했다
그리운 가족들을
만나고 있을 테니까

귀갓길

길이 이어지면
그만큼 빨라지게 되겠지
하지만 부모님 댁에서 자고 가는 일은
점점 줄어들 겁니다

가족이란

이제는 흩어지지 말고
함께 모여 살아요

노랑나비도 그렇게 하는데
우리는

휴게소에서

가던 길 멈춤

남녀 대화 중

얽히고설킨 감정들이 풀어지고 있다

퇴장

화려한 날의 기억들
원하지 않았어도
어느새 들어앉아 사그라지고 있다

메고 갈 기력조차 없어
슬그머니 내려놓은 삶의 무게

초능력

상상하면 이뤄지는가
모두 숨죽이며 지켜보고 있다

청춘

청춘은 저래야 해
다시 오지 않기에
지금이다
하늘로 하늘로 가자

고드름

돌올한 제 모습에 놀라
멈춰버린 낙수

영롱한 눈가에 맺힌
세상은 아름답기만 하다

3부

그리움을 함께 나누다

꼬마전구

집으로 가는 도청길은
밤에도 대낮처럼 밝다
고마운 꼬마전구

두꺼비의 고민

코로나19에 난 안전한가
백신 접종도 안 되고
도로
잠자러 가야 하나

행복 전도사

손수레 지나가는 콘크리트 숲길
오늘도 변함없이
행복을 배달하는 만물상 장수

마중

옹기종기 모여 누군가를 기다립니다
반가운 사람이 오는가 봅니다
오랜만에 웃음꽃이 피겠네요

나이 티

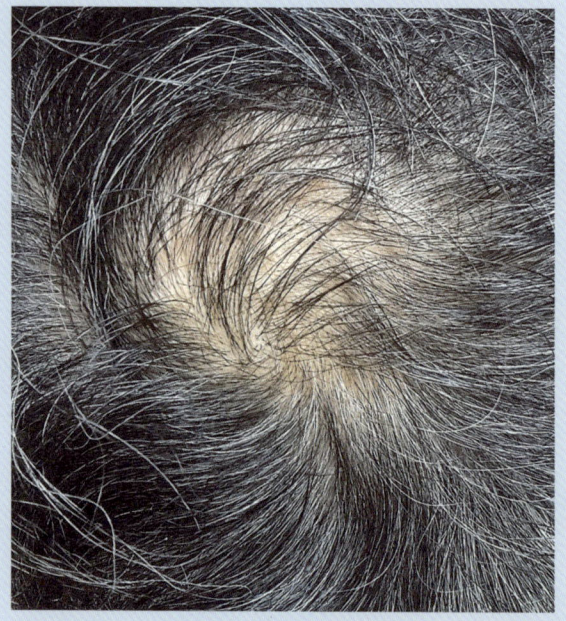

나무에게만 있더냐
돌돌 말아 올린 세월이 얼마인가
나이 티를 내지 말자

시시때때로

언제 그곳으로 시간을 가져와
감옥처럼 갇혀 살고 싶었다
그러다가
가끔은 새처럼
유쾌하게 탈출하고 싶었다

혼돈의 세상

희미한 것들 속에서
영혼마저 흔들림

어디서 어디까지가
현실이고 이상인가

나를 시험하지 말라

그리움

눈물도 널면
말릴 수 있을까요

백설기 한 판

울 엄니 요즘
통 소식 없으시더니
간밤에 몰래
백설기 한 판
놓고 가셨네

* 2020년 제3회 경남고성 국제한글디카시공모전 입선작

홍성이지요

물어볼 일 없네요
변치 않는 바다 민심 그대로
홍성 천년으로 이어가리

* 2023년 예비문화도시 홍성 디카시공모전 은상 수상작

길을 걷다가

횡단보도가 있으니 조심하세요
횡단보도입니다 건너가세요

인생길에도 이런 안내판이
있었으면 좋겠습니다

보이는 것만큼

쓰면 쓸수록 나빠지는 시력
볼 수 있는 것만 보자
확신이 없다면 흘려보내자
돋보기로 보는 건 믿을 수 없기에

소망

꼬까옷 입었어도
기다림으로 하세월
화려한 외출 꿈꾸는
어린 꽃사슴

치유

밟으니 좋습니다
이것으로 족합니다
서민들의 치유법

하늘로 간 가재

하늘은 원래 물이었을까
가재 한 마리가
제 세상을 만났구나

철듦

친구들이 군입대 축하한다고
응원 메시지 담아준 수첩

그래, 난 철들러 간다

4부

삶의 바다를 거닐다

* 세종포스트
<장석춘의 詩골마실> 연재 작품 중에서

배려

다툼 없이
차례가 오기를
기다리는 꽃봉오리들
다 순서가 있단다

참 따듯한 세상

겨울 철새를 위한 길

몸뚱이 내주고 발목만 남았다
주름살 깊이 팬 논바닥
피 뽑던 농부의 장화 자국인지도 몰라
겨울 철새를 위한
또 하나의 길이 만들어졌다

서리꽃

무뚝뚝한 너에게도
꽃으로 내려앉았다

짧은 생으로도
기쁨을 줄 수 있다면야
새해는 그렇게 시작해야지

잔칫날

홍두깨로 빚은 칼국수 가락엔
훈훈한 인심이 넘실거린다
마을 사람들 벌써부터
눈으로 시식하며 입맛을 다시네

오늘이 바로 잔칫날 아닌가

휴식

이제는 쉬자
농심은 부풀고
벌러덩 누웠으니
너도 나도 뿌듯하다

뮤직 파워

모두에게 골고루 들려준다
거리가 춤을 추고
일상이 가벼워진다
바닥으로부터의 위로

시절 잡는 남자

벅차게 밀려드는 노랑
추억은 초록처럼 묻어두리
때는 가고 있어도
시절은 좋았다고 말하겠다

공空

비워진 것인가
채워질 것인가
밝히지 못한 채로
간혀있는 시계視界
시간은 한갓되이 가고 있다

존재의 이유

풀기 생생한 자존감으로
눕지 말고 빳빳하게 살자
서 있는 것만으로도
울림 그 자체 아닌가

공원 이용수칙

우리들도 여기에서는
꼭 지켜야 해
그래야 오래오래
인간과 같이 살아갈 수 있어

낙엽의 의미

지는 것은 주는 것

또 하나의 생명을 위해
스러져 가는 것이다
그러하니 도렷하게 물러간다

꼭 기억하라고

강강술래

손에 손을 잡고

빙글빙글 돌아간다

휘영청 보름달이 떠오른다

자식 사랑

어렵고 힘든 시절이지만
허수아비 가족은 알고 있다
자식은 예쁘다는 것을

그렇지

기억이 매달려 있다
할머니 이야기가 들려온다
사람 냄새 나는 삶 덩어리

마을 지기

삼백여 년 둥구나무로
살아온 지기지우知己之友
팔다리엔 영예스레 훈장
부처님 위안 얻으니
고개 숙일 뿐

농심

매번 작황이 좋지 않아도
두둑처럼 부풀어 있는 농심
뿌린 대로 거둔다는
자연의 순리
다시 깨닫는 텃밭 농부

복덩이

이 가을 이만한 기쁨
어디 있겠습니까
금쪽같은 손녀의 옷가지 향내가
뜰 가득히 퍼져갑니다

장석춘 디카시집

복덩이

펴 낸 날 2024년 9월 5일 초판 1쇄
지 은 이 장석춘
펴 낸 이 李憲錫
펴 낸 곳 오늘의문학사
출 판 등 록 제55호(1993년 6월 23일)
주　　　소 대전광역시 동구 대전로867번길 52(한밭오피스텔 401호)
대 표 전 화 (042)624-2980
팩 시 밀 리 (042)628-2983
카　　　페 cafe.daum.net/gljang(문학사랑 글짱들)
인터넷신문 www.k-artnews.kr(한국예술뉴스)
전 자 우 편 hs2980@hanmail.net
계 좌 번 호 농협 405-02-100848(이헌석 오늘의문학사)

공 급 처 한국출판협동조합
주 문 전 화 (02)716-5616
팩 시 밀 리 (02)716-2999

ISBN 979-11-6493-343-3(03810)

값 15,000원

ⓒ 장석춘 2024

* 이 책의 판권은 저작자와 오늘의문학사에 있습니다.
* 잘못 제작된 책은 구입하신 서점에서 교환해 드립니다.
* 이 책은 eBook(전자책)으로 제작되어 ㈜교보문고에서 판매합니다.
* 이 책은 세종특별자치시와 세종시문화관광재단의 후원으로 발간되었습니다.